周慶華　著

文史哲詩叢

七行詩

文史哲出版社印行

國家圖書館出版品預行編目資料

七行詩 / 周慶華著. -- 初版. -- 臺北市: 文史哲,
民: 90
面 ; 公分. -- (文史哲詩叢 ; 41)
ISBN 957-549-366-4 (平裝)

851.486 90009506

文史哲詩叢 ㊶

七行詩

著者：周慶華
出版者：文史哲出版社
登記證字號：行政院新聞局版臺業字五三三七號
發行人：彭正雄
發行所：文史哲出版社
印刷者：文史哲出版社
臺北市羅斯福路一段七十二巷四號
郵政劃撥帳號：一六一八〇一七五
電話886-2-23511028・傳真886-2-23965656

實價新臺幣二〇〇元

中華民國九十年六月初版

ISBN 957-549-366-4

目次

卷四　答客問

卷五　魔幻

卷六　後現代

卷七　懷鄉

卷八　續無情

寫詩的人有福了
——序《七行詩》

孟樊

稿紙才離開，抽屜就發燒？是稿紙，還是抽屜，不安份守己？不安份守己的好像是詩人；哦，不，是學者自己。

周慶華做為一個研究當代臺灣文學的學者，從《臺灣文學與「臺灣文學」》一書出版以來，就頗令人「另眼相待」了。他勤奮好學，窮於著述，是少見的「用功型」的學者。只是不管他是廁身於文壇或學術界，向來都是一位踽踽而行的「獨俠客」，他的「邊地發聲」，正如他的自況：「沒有地盤沒有槍沒有奧援」（〈邊地發聲〉），所以他感受到的是「一片闃寂」。正因為如此，他才「對著空曠的大地喊不出聲音／只好以著作堆積東臺灣的高度／發散為洌洌的流彈語言／且看天邊的群星如何再不停止挑釁」（同上）。縱然「斯人獨憔悴」，此一來自東臺灣（周慶華一直在臺東師院執教鞭）的「邊地發聲」，從中仍能讓人嗅出那豪情壯志的味道。

話說「以著作堆積東臺灣的高度」，可我萬萬沒想到，在他《中國符號學》之後，交出來的竟是讓我瞠目結舌的這本《七行詩》詩集，我從來沒想過要將他的學者身分和詩人角色劃上等號，雖然我知道他寫過有關新詩的評論。在自況詩〈專長問題〉中他說：「十幾年前攀躋上現代學術的列車／語言文學宗教都留有我的蹤跡」，確實在此之前他出版過《語言文化學》、《臺灣當代文學理論》以及《新時代的宗教》等書——證明他所言不虛，然而想不到他也和我一樣喜歡「舞文弄墨」一番，與好賦詩一道，這個「專長問題」，在他把這近一五0首詩交到我手上後，真的是讓我要再「另眼相待」了。

怎麼「另眼相待」這位學者轉換身分所寫的這一四九首詩作？詩集名曰「七行詩」，裡面所收詩作通以七行成篇，足見詩人當初一開始就非「無心插柳」，現在「柳已成蔭」，自是其刻意栽培及耕耘的成果，這等創作頗有「理念先行」的味道，看來詩人本身的「學者氣質」還是一樣的濃厚，並不因轉換寫作跑道而大打折扣。至於詩人為何要以七行成詩？他「偏愛七字究竟有何道理」？這裡面其實沒有任何「七步成詩」的逸聞，在〈七字訣〉一詩中，詩人在自白之餘，也同時幽了讀者一默，說你可以因此聯想到和七有關的「七絕七律」、「七哀七啟」、「七仙女」、「七夕」，甚至是「七七事變」，但總的來說「根本沒那回事」。我們讀遍全書詩作，也確如作者自承，七行詩並未被視為一個獨特的文類，詩人只是喜好「七行」成詩，如此而已。

當然不能只「如此而已」。七行詩在詩人來說，雖然意不在「自成一體」，惟七行自屬已成定論的小詩之一種，在形式上，或不分段（如辛鬱的〈墓誌七行〉），或分為前四後三（如洛夫的〈沙包刑場〉）、前三後四（如筱曉的〈一朵花〉）、或前五後二（如沈志方的〈給時間〉），不像十四行詩那樣，不講究押韻，全採自由詩體（free verse）形式，創作上極為自由。周慶華的七行詩，基本上也是採自由詩體前後不分段的形式，句子儘管長短不一，語調容或有不同，惟均屬一氣呵成的小詩。

小詩是詩中的「極短篇」，誠如清代詩評家沈德潛對於七言絕句（七行詩？）的主張要「語近情遙，含吐不露」，當代小詩的表現亦應如是（其實何只小詩，凡詩皆應如此）。就此來看《七行詩》，內中多為「暢快淋漓」之作；但就是因為「暢快淋漓」，所以常有一語道盡的感覺，如〈孔子的心願〉：「周遊列國／不就是為了找一個安全的家／子路打前鋒／子貢搶著當說客／宰我冷眼旁觀偶爾還會扯後腿／我不能疲憊／回到魯國還不是最後的歸宿」——孔老夫子的「心願」，在最後一行被「和盤托出」，其心聲徹底吐露無遺，也就難以臻於「語近情遙」之境。

周慶華這種「坦然以對」的風格，與其擅於使用敘事性的語言有極大的關係。不論是在詠物（如〈刀的譜系〉）、解禪（如〈逢佛殺佛〉）、敘事（如〈兇殺案〉），或是懷鄉（如〈歸鄉〉）、答客問（如〈殺手封號〉），甚至是續蕪情（如〈螞蟻搬家後〉），其使用白描式的敘事語法，如出一轍。白描式的敘事語法，在作者和讀者之間容易形成一種閱讀上的客觀距離（objective distance of reading），除了塑造出一種冷靜、理性的風格之外，也讓讀者保持某種程度的閱讀距離，不必完全跟著作者「聞雞起舞」。這種閱讀上的距離不是理解上的問題，蓋白描語最易「入口即化」，而是指讀者可以保持一種不涉入詩人自身起伏的情緒裡，冷眼旁觀他的「娓娓道來」。抒情詩（Lyric）易於扣人心絃，周慶華卻不喜此道，連〈生死觀〉這首散發著詩人對於人生無奈的慨嘆的詩，依然還要理性以對：「很艱苦才探聽到塵世可以留戀我什麼／一枝筆／幾疊稿紙／行行寫著生命的無奈」，儘管我們從中可以嗅出一點抒情的味道。

這種「冷詩」（cool poetry）風格，我只能揣想，大概仍和周慶華的學者身分脫離不了關係。學者理性的辨析能力，在他的詩中充分顯露無遺，如〈複製豬〉、〈莊子和烏有之鄉〉、〈車展情結〉……甚至有不少詩還帶點哲學味，如〈火車〉一詩最末兩行：「整個旅程原本充滿著單調和荒謬／被吞噬才能逃出兩邊終點牽制的命運」。但是這樣的哲學味道畢竟說得太「露骨」了，甚至可以說這是哲學性的散文句子，句子已經走在「非詩的邊緣」，叫人替他捏一把「冷汗」。周慶華或會仿孟子曰：「予豈好辯哉?予不得已矣」，學者不改其論辯的「本色」，七行詩因而成了他「便給」的另一種書寫方式，〈無念〉一詩堪稱代表，只是它是否還是詩，不無令人起疑。「便給」的極端表現，有時竟成一種「耍嘴皮子」的表演，如〈無相〉、〈無住〉、〈人生〉等等，讓人看了都要「冷汗直流」。

以〈無相〉一詩為例：「修剪鬍子／不如留著鬍子／留著鬍子／不如傾聽鬍子／傾聽鬍子／不如忘掉鬍子／我什麼都沒有說」──雖然最後一句說「我什麼都沒有說」，其實是他什麼都說了，這當然有反諷（irony）的意味，尤其就詩題名為「無相」來說，只是周慶華把它說的頗像打油詩（doggerel），〈無相〉也就變成「無相」（沒什麼臉）了。反倒是另一首題為〈實相〉的詩，「說」的更有禪味：「推開門／世界終於跟我相遇／放不下腳邊一塊石頭／世界再度離我遠去／沒有澆息的火苗／燎過半片草原／停了下來」，這個「實相」的描述中遠遠透露了「無相」的禪機。

為什麼〈實相〉和〈無相〉這兩首詩有這麼高度的「反差」效果？為什麼沈德潛「語近情遙，含吐不露」之說，〈實相〉一詩反而盡得其（「無相」）風流？簡言之，係因〈實相〉用了形象化的語言──詩的用語和散文最大的差別蓋在此矣。一言以蔽之，詩是用實相來說明無相的一種語言藝術。周慶華幾首形象生動的詩，例如：

- 〈候鳥〉：「寒冬的驚悸還在／不敢落下／背後拖著一片滄桑」。
- 〈參禪〉：「看看瓦楞下行者的趺坐／從未被騷擾的蟬聲／正捲著花香在它的四周迴盪」。
- 〈熱禪〉：「幾十頭獸剛要狂奔過來／我關起門鎖上窗／把它們統統包裹在另一個世界」。

•〈冷禪〉：「撿起最後一塊炭／呵著炭緣僅剩的餘溫／窗臺上的風鈴／正在被傾斜的月光撩動情欲」。

•〈白鷺鷥的等待〉：「盼著從天邊掉下的彩霞／會把那棵樹重新粧扮／許久都沒有過這樣純白的邂逅／一定得將它寫成記憶／銘刻在風出沒的地方」。

上述諸詩都因為其語言塑造出的栩栩如生的畫面，而讓人有「語近情遙」之感，也是以「實相」寫「無相」的佳例。

這類形象化的語言在卷五「魔幻」一輯中，俯拾皆是，也許是因為詩人特意要將魔幻（magic）的效果表現出來，而不得不借重這種「實相化」的描寫，而不能讓語言太過抽象、太過理性，所謂「魔幻寫實（主義）」（magic realism）良有以也。例如底下這兩首詩——〈走路人〉：「從這山跨過那山／有谿谷當橋／橋上幾個美女在淋浴／彎下腰就捉住了兩座山」；〈求救者〉：「等不到船筏和援手／他終於站起來／喝光海水然後走上岸」，這樣的魔幻場景不禁令人想起洛夫那首膾炙人口的七行詩〈沙包刑場〉：「俯耳地面／一顆顆頭顱從沙包上走了下來／隱聞地球另一面有人在唱／自悼之輓歌」，兩者用的同樣都是調侃的白描手法；不同的是，洛夫的語調沉重、悲傷而陰森，周慶華的魔幻則帶點聊齋的理趣（wit）味道。

是的，就是這種頗有調侃味道的理趣，經常濡化在詩人的七行裡，不僅在魔幻詩中出現，包括詠物（如〈複製豬〉、〈吊橋〉）、敘事（如〈出使〉、〈第六度出兵〉）也都時不時展現這種逗弄人的調調。依據《牛津英語辭典》的解釋，所謂「理趣」是指「一種口頭或書面的表達能力，它存在於思維及表達的巧妙聯繫之中。透過出其不意而令人驚奇和快樂……最終指的是以逗人的方式表達的才華橫溢或妙趣橫生的措辭。」周慶華似乎特別偏愛這種「逗人」的表達方式，就連描述詩史筆下悲苦境遇的〈杜甫意外脹死在異鄉〉一詩，末了還要戲仿（parody）一下這位「悲苦」的詩聖：「那裡有吃的先讓我撐死再走」。詩人甚至連自己都不放過，在自況詩中如〈專長問題〉（「我另有不會改變的專長是吃飯和睡覺」）與〈散思〉（「我也始終在寫沒有人不會寫的分排行列的詩」）中，仍不忘在最末自我調侃一番。

詩人真的在寫「沒有人不會寫的分排行列的詩」嗎？卷六「後現代」似乎就是他自我解嘲的嘗試，〈仿連連看〉、〈二十世紀政治史〉、〈招牌世界〉……用的都是後現代創作習擅的並置（juxtaposition）和拼湊（collage）手法。本輯雖名為「後現代」，但並非所收詩作全為後現代詩（如〈記憶的缺口〉就沒後現代味）。周慶華的後現代詩，從輯首〈仿連連看〉一詩，就可以嗅出太過「夏宇味」了，〈風乾的信〉、〈冶遊〉等詩尤為明顯，把夏宇《備忘錄》詩集中那種「漫不經心」的語言風格，學得維妙維肖，諸如底下這段「夏宇風」的語言：「成績留校查看／吃飽了再走」（〈戲弄〉）；「今天一場賭局／襯衫輸掉了豬仔／不用　收拾殘羹／雲兒要笑」（〈群英會〉）；「剖開西瓜將就著吃／世界還不到末日／有成堆的衣服要洗／看場電影再說」（〈非理性世界〉）；「坐著數落日的光／芒帶點紅色／的血／來年這個時候」（〈風乾的信〉）。至於唯一的一首圖像詩〈樹痴〉，則也帶點林燿德的味道。後現代讓周慶華變得不像周慶華，卷六的風格和詩集中其他各卷相較，顯得太過突兀。

這恐怕和詩人擅於研究的脾性有關，他從事後現代的學術研究免不了就受到其「研究結果」的影響，「夏宇風」就是這樣和他「勾搭」上的，惟此亦說明了其學者性格中率真的一面。無論如何，理性、冷靜的學者能夠「卸下戰袍」（為文批判），迎向「謬思的花園」，還是挺幸福的一件事（感同身受的我即可證明），他不是說了嗎？「寫詩的人有福了」（〈結語〉），這是他的「結語」，也是我的結語。

聽那泠泠之音
——七行詩句撥心絃

丁敏

慶華教授這幾年來著述不斷，縱橫馳騁學術各領域。在古典文學理論、現代文學理論、佛道教哲學及文學、宗教對話、兒童文學、符號學、語言學等方面，都各有專著出版。用功之勤、領域之廣、視野之宏闊、見解之犀銳，都十分令人敬佩。他尤其擅長針對各學門的歷史發展、理論爭辯、文化意涵等做全盤的建構整合，反思盲點之所在，提出前瞻的可能路徑。因此，可以說他整個生命的重心就在學術研究上。對於一個惟讀書著述為務的學者而言，在寫出那骨硬硬聲鏗鏘的理性思辯文字之外，還能寫散文、寫詩來寄託自己的情懷感興，除了才華洋溢外，也可說是一種生命的享受。詩是最直接、最精華的情感語言，《七行詩》是慶華教授用抒情溫柔對待自己的方式吧！

讀《七行詩》你可以發現它是一本自傳性很濃的詩集。詩集共分八卷，作者的個性、思想、情感，以及他的生活場景、人生詮釋、對社會萬象的觀察等，都鮮明的躍然其間。彷彿他就出現在你面前，帶著靦腆的微笑，引領你進入他的生命王國。書寫自我是詩集的主軸。他刻畫自我的形象，有別人對他的印象，加上他對自己的觀感，例如〈殺手封號〉(卷四)：

布袋戲外加武俠片
童年就這樣走過來了
看你還想知道我這被封為學界殺手的人那些秘密

念書時老是被班上的惡霸欺壓
住在貧民窟不敢抬頭看人
出去闖蕩江湖缺少本錢
找工作又常常碰壁

因為學術會議上猛烈的炮火，使他贏得「殺手」的封號。但「殺手」的背後是辛酸困頓的生命經歷；短短七行是生命的素描。對應於〈殺手封號〉，〈榴槤〉、〈蠍子〉（卷一）、〈刺蝟〉（卷四）三首詩，也隱約感到是藉物以喻己。三首詩共同的特徵是「多刺」形象的突顯。〈榴槤〉：

沒有人會相信
長得如此扭曲多刺
竟是來自一場艱苦的纏鬥
豐厚滿握的果瓣
填滿了每一個可以伸展的空間
終於醞釀出那股濃粘的香味
不管你喜不喜歡他都是水果之王

多刺是從生活的艱苦纏鬥中長出來的，但同等也蘊育出豐厚香濃的果瓣。全詩在自辯中透露出自信；畢竟，要做殺手是要有實力的。〈刺蝟〉中云：「渾身是刺有什麼不好／敵人見到都得望風潛逃／……歡迎繼續稱我為刺蝟。」〈蠍子〉中云：「不會螫人的蠍子不是蠍子／……痛恨可以折抵恐懼／排遣不了敵意／他活著就是為了復仇。」作者彷彿告訴我們：「多刺」，是從生活的磨練中，為了保衛自己所長出來的。

「多刺」的形象背後，是必須和世界不懈地抗爭、戰鬥的心理。例如：〈笑〉（卷一）：

世界／以寂靜／哺育我們
我們／回報它／戰鬥／和笑聲
笑聲／融化不了／寒冬中的冰
也／撲滅不了／炎夏裡的火
只剩／獲勝者
高高／舉著／雙手
孤獨的／期待／下一次／沒有阻礙的狂歡

世界在冷眼旁觀，天地不仁以萬物為芻狗，人惟有靠自己在戰鬥中搏勝，才能有笑聲。但戰鬥是一場接著一場的，戰勝者也只能孤獨地隨時處在備戰狀態中。這樣的笑聲是不能填補人間的炎涼冷暖，不是歡樂的笑聲。又如〈比武大會〉（卷五）：

獨孤求敗　和

東方不敗　誰比較
厲害
忍者無法評斷
請來蝙蝠俠作裁判
鬼面最後宣布
只有一個人還沒有生還

全詩營造出敗身肉搏、難分軒輊、做殊死戰的意象，而且一定要戰到你死我活，分出高下為止，詩意是十分慘烈的抗爭。此外如〈群英會〉、〈水族大戰〉、〈出頭天宣言〉都隱隱嗅出戰火煙硝的味道。而〈邊地發聲〉(卷八)的開頭兩行寫著：「這將是一場艱苦的戰鬥／沒有地盤沒有槍沒有奧援」可見「抗爭」是作者面對世界的態度。這其中含藏了一股不向命運低頭的傲氣。例如〈誕生〉(卷六)：

魚兒不能忍受缺水的遊戲
來到世界
只是為了向世界告別
風呼嘯的從門前穿過去
頹敗的枝幹還沒有三次低頭
你慢點挺立

菜籃裏有蘿蔔和雞蛋

全詩以魚以枝幹等，來自喻。魚兒不能忍受缺水的遊戲，世界啊！為何我這魚兒經常面臨缺水之苦？風！你不要呼嘯向我示威，我即使是枯幹也不低頭。世界啊！即使你再不公平，我依然會挺立的……。又如〈後現代迷〉(卷六)：

招呼桌子傾聽自己曠世的演講
跑到公車前面忘了放聲大哭
那邊的野臺戲還未吊嗓這裡已經開鑼
畫山只靠屁股一成的功力
蓋房子專挑別人吃剩的骨頭
沒有什麼承諾不能像吃飯那樣容易吞嚥
離開馬桶照常可以寫詩

全詩充滿狂傲不羈，自負自信的意味，天下沒什麼事是難得倒的，彷彿一切都可輕易解決。當然，這來自自我對生命的深自期許及不懈的努力。如〈日出在阿里山〉(卷一)最後一句：「都阻止不了他兀自昂然的爬昇猶如卸不下馬鞍的勇士」對照作者實際生活中不斷的在學術領域開疆闢土，正像卸不下馬鞍的勇士，也像不斷爬升的旭日。

「多刺」與「抗爭」，帶來的也許是獨行天涯的冷眼。例如〈散思〉(卷八)：

我始終在聽沒有人會在意的被蚊子親吻的感覺
我始終在想沒有人會關心的被惡犬窮追的跑速
我始終在看沒有人會憂慮的被自己誑騙的臉色
我始終在問沒有人會算出的被情敵恨透的體重
我始終在數沒有人會知道的被歷史遺棄的慘狀
我始終在畫沒有人會透視的被世界壓垮的悸動
我也始終在寫沒有人不會寫的分排行列的詩

在冷眼觀世情中，有很纖細的觸感與焦慮，在多數人沒有覺察到的生命幽陰暗處聽、想、看、問、數、畫、寫，雕磨出略帶荒涼又無奈的生命基調，如〈生死觀〉（卷四）後四句。

很艱苦才探聽到塵世可以留戀我什麼
一枝筆
幾疊稿紙
行行寫著生命的無奈

很艱苦才在這世界找到自己的位置，找到說服自己存活的理由，那就是寫作罷！然而行行都是寫著生命的無奈。也寫出了白髮與胃疾，滿身的風霜（見〈白髮與胃疾〉卷八）。

除了寫外在形象、生命際遇外，作者也寫內心的風景。卷二解禪篇與卷五的魔幻篇，絕大部分在寫內心的喜怒哀樂愛惡欲吧！那比較明顯的，可以用禪觀觀照方式來譬喻解析的情感，就放在「解禪」篇。參禪之所以有〈冷禪〉、〈熱禪〉、〈活禪〉、〈死禪〉、〈晝禪〉、〈夜禪〉等等的分別，是暗喻作者內心有種種光景如走馬燈，可以好好向內看一看自己，如〈實相〉：

推開門
世界終於跟我相遇
放不下腳邊一塊石頭
世界再度離我遠去
沒有澆熄的火苗
燎過半片草原
停了下來

那冷熱晝夜死活等禪的內容，一一都宛如自己「腳邊一塊石頭」是內心世界的洶湧波濤，驚濤駭浪，絆住自己；又像沒澆熄的火苗，燃燒過半片草原，雖是停下來了，但終已遠離了實相世界。作者的心境彷彿介乎「空」／「有」之間的掙扎吧！「參禪」則似乎在描寫，跨越空／有的掙扎，並涉江渡河到彼岸遊覽了一番。

一生總要走一趟
涉過河去
有野薑花恣肆發出的清香
看看瓦楞下行者的趺坐
從未被騷擾的蟬聲
正捲著花香在他的四周迴盪
你的腳步終會收藏起發現你的祕密

這首詩的意象很美，用花香蟬鳴比喻禪修彼岸的美麗世界。意境也很高遠，結尾一句，以突然翻轉、大跳躍的筆法，由景的描述轉成心的印證，是句頗富禪機的語言。

至於夢與潛意識的深沉獨白，就留給卷五的魔幻篇。在此篇中所有的情思都以變形魔幻的方式來隱晦的暗喻。例如〈冷暖〉，彷彿在影射某種嗜血的抗爭，並且便宜了對手？又如〈求救者〉、〈走路人〉、〈溯河而上〉、〈沒有星星的晚上〉、〈歸途〉等篇，用字皆相當冷峻尖銳，彷彿描述戰場上的鬥士，體驗過被劍和矛穿透過的痛楚，感受到人世的惡意，有一股憤怒的吶喊在文字間隱隱跳動。但這一切都止於臆測，因為作者所營造的意象極為隱晦難測，的確有「魔幻」的帷幕效果。

情詩是詩集中的極少數，內斂的他，只隱隱透露一點點心中的悸動與漣漪。我只讀出了五首，分別是〈白鷺鷥的等待〉（卷三）、〈愛情觀〉（卷四）、〈風乾的信〉、〈一品宅第〉（卷六）、〈舊情人〉（卷八）。其中〈白鷺鷥的等待〉，以物喻情，文字與意象配合的極美。

雙腳埋在水裏
抬得高高的頭
盼著從天邊掉下的彩霞
會把那棵樹重新粧扮
許久都沒有過這樣純白的邂逅
一定得將它寫成記憶
銘刻在風出沒的地方

以白鷺鷥的純白，隱喻一場「純白」的邂逅，「純白」二字有一種純潔無瑕的美感。以白鷺鷥的翹首企盼隱喻盼望這份美如彩霞的純情，能夠讓生命重新煥發光彩。用風寫成這回憶，那麼每當風輕揚起，就會靜靜記得。〈風乾的信〉彷彿是寫苦澀的把思念硬生生地吞回去，沒有寄出相思的信。〈舊情人〉是自慚、瑟縮與懊惱的心語。

除了書寫自我之外，慶華教授也把他讀書掩卷之際，神交古人的心境寫成詩篇。卷三的敘事篇、卷七的懷鄉篇都有他懷古之作。他寫屈原、項羽、司馬遷，也寫孔子、諸葛亮、文天祥，寫莊子、李白、杜甫、蘇東坡。他寫的這些古人隱隱間似乎都有時運不濟，與時多忤，又堅持自已的理想、風骨的特色。上天並沒有因他們出眾的才華，而給了他們春風得意的人生。是不是這樣的歷史人物，特別引發作者的共鳴呢？那裏才是這些騷人墨客、哲學家、史學家或軍事家心靈的原鄉呢？「懷鄉」（卷七）的篇名，似點出了這些在塵世飄泊的靈魂，找不到回鄉之路的惆悵。如〈孔子的心願〉末二句中云：「我不能疲憊／回到魯國還不是最後的歸宿。」孔子周遊列國不得志，退回魯國著述講學，這的確是無奈的選擇，而非心中最後的歸宿啊！

此外，作者也常睜著一雙冷眼，在他任教的東臺灣，靜觀大千萬象，彷彿要穿透世態的底蘊。這一部分的詩句，有時帶著幽幽的悲憫、暗暗的關心、悄悄的擔憂。例如〈飆車族〉：

他們以車速探測未來的長度
過得過不得下一刻
人生都是將要畫成的圓圈
如果用吆喝可以縮短路的兩端
就不必那樣艱難的望風飛奔
圍觀的人潮請讓開
你們不是上帝的棄兒沒有玩命的權利

這是一首揣摩飆車族心境的詩。認為他們是以車速在驗證人生的意義、自我存在的價值。反問眾人：以為飆車是容易的嗎？如果人生是容易的，那麼他們就不必如此玩命的風馳電掣，如果不是註定是上帝的棄兒，就不會如此輕率玩命。此詩節奏緊迫，最後二句詩想的驚心，徹底揭開飆車一族淒涼的底蘊。〈搖頭族〉（卷一），也是類似的情境，悲憫那搖頭族，曾是觀星臺上的少年，如今被淘空的心，連菸酒也麻痺不了，只好靠黑夜裡的搖頭丸，搖掉所有的煩惱，忘掉找不到回家之路的苦楚。末一句「別停出了大門將會找不到回家的路」，用字冷靜中透露出深深的體恤。

另有一部份的詩句，則是帶著淡淡的揶揄、冷冷嘲諷的浮世繪。例如〈扒糞事件〉、〈填海記〉(卷三)、〈仿連連看〉、〈二十世紀政治史〉、〈水族大戰〉、〈群英會〉(卷六)、〈阿貓阿狗在抗議〉(卷四)、〈博士與狗〉(卷八)的文字極為辛辣；有的詩想極為震撼，例如〈複製豬〉(卷一)：

最後一次超越上帝的機會
我們依照豬的形象造豬
將來還要依照人的形象造人
從桃莉羊到一窩來不及命名的豬
上帝你看了不必著急
等造完人後
很快就會輪到你

此詩反諷人類狂妄，狂妄到不僅要複製豬羊、人類，最後連上帝也想複製，想要成為宇宙的主宰與創造者嗎？最後三句，頗有禪宗棒喝的意味。又如〈拈花微笑〉(卷二)：

說什麼都不對
話剛到喉結

就被嚇得倒退了回去
坐在上面的頭頭不再瞪眼
底下閑著的人也會冷眼相向
既然不必挖空心思找認真
乾脆裝出一副無所謂的樣子

這似在描述在會議中，作者想要發言問難，但想到自己已被人安上「殺手」的封號，就收拾起凌厲的劍鋒，任寶劍在匣中輕鳴，換取臺上臺下一團和諧的氣氛，而自己也裝出滿不在乎的樣子。這種「拈花微笑」，和佛陀在靈山會上以心傳心的境況絕非相同，這是主客互有防禦，心照不宣卻又若無其事的樣子。用「拈花微笑」做詩題，充滿了反諷的意味。

綜觀慶華教授的《七行詩》集，就內容而言，在文字的意象經營上，卷一至卷四是比較明白暢曉，較直接是自我外在形象，及內在風景。而篇名「詠物」、「解禪」可看成明喻的篇章；「敘事」與「答客問」則有直指明說之意，尤其卷四的「答客問」，多用長句行之，似求意之表白。卷五用「魔幻」為篇名，寓含其中多是隱喻的詩行。多數的文字營造出相當晦澀的意象，彷佛是心海深處情思的微揭。卷六的「後現代」文字營造出荒謬與嘲弄的氣味。卷七篇名「懷鄉」、卷八篇名「續無情」，文字意象則又漸次明朗。整體而言，文字的風格是多元化的：有用巧譬暗喻以藉物抒情；也有美麗的賦形，形成清淡幽遠的美感。也有平鋪直敘，有如說白的文字，但每一說白則是一則濃縮故事，一段精簡的人生速寫，七行跳接起來，就詩味盎然。另有批判性極濃的辛辣、反諷的文字；以及默默關懷，悲憫眾生的文字。總而言之，他的詩，從來不是繁管急絃的旋律，不是輕快明亮的音符，更不是浪漫繽紛的綺想，而是低沉內斂，又情深憂鬱的南胡。

至於整本詩集，為何從頭到尾都要用七行的形式呢？且看他自己說〈七字訣〉(卷四)：

偏愛七字究竟有何道理
我想裝作沒聽見
七絕七律一定會拒絕回答
七哀七啟也剛要逃避
七夕已經追不上了
七仙女正冷冷的拋下箭般的目光
還有七七事變說根本沒你那一回事

作者已經設想到一定會有讀者提出此問，但是他的回答，等於不願正面回應。也許要讀者自我揣測吧？在讀完詩集後，給我的感覺是：七行詩比律詩少一行，又比絕句多三行；在有限的空間中，又可拿來敘事、繪物兼抒情；七行的長短彷彿簾帷的乍揭即閉，又像音符的戛然而止，留下景物情韻依稀的印痕，給人回味細索的空間。這一切正和作者乾淨俐落、灑脫自在；即使內心有千般滋味，外表永遠是一派雲淡風輕的特色相符。也許這就是他偏愛七行的原因吧！

詩集的最後一首〈結語〉(卷八)寫道：

寫詩的人有福了

是的，寫詩的人有福了，因為可以真情抒發自我。而讀詩的人也有福了，因為可以如此貼近一個生命的內在律動，天音稀聲。如果說「人當詩意地棲居于大地」，感謝慶華教授給了我一段詩意的時光！

寫於指南山麓擎樂齋中 2000.12.24 日

卷一　詠物

摩天大樓

當艷陽搬離窗臺向山坳遠去
我才看清它矗立的樣子有點歪斜
非宗教徒趕快過來膜拜
那一根陽具頂著天空
上帝的創造物正在黯然失色
你將知道什麼是巴別塔挫敗後
人類第一次成功的反撲

笑

世界以寂靜哺育我們
我們回報它戰鬥和笑聲
笑聲融化不了寒冬中的冰
也撲滅不了炎夏裡的火
只剩獲勝者
高高舉著雙手
孤獨地期待下一次沒有阻礙的狂歡

候鳥

一隻灰雁
兩隻灰雁
三隻灰雁
雁雁相連低飛掠過湖面
寒冬的驚悸還在
不敢落下
背後拖著一片滄桑

吊橋

他以波浪般的擺動
在兩山間曳引嗥嘯
只為了拒絕兩個矮肥男女的歡渡
那隻昏睡半天才浮出盤旋一次的老鷹
總是能遲鈍的感覺他的想望
給他帶來幾片雲彩
兩三陣清風

金縷衣

十年才織成一件
不用再走過多雪的隘口
肉體就要蛻化和著靈魂
長裹在你緊密的保護裡
迷戀歷史的帝王
辭謝命運的生家
只有你是唯一不會讓他們失望的見證人

複製豬

最後一次超越上帝的機會
我們依照豬的形象造豬
將來還要依照人的形象造人
從桃莉羊到一窩來不及命名的豬
上帝你看了不必著急
等造完人後
很快就會輪到你

國王企鵝

不看不看什麼都不看
被鬨趕出場的剎那就決定了
隔著玻璃窗的眾多的身影
重疊扭曲得很厲害
我們的家在雪的原鄉
鵠候只爲了等待目睹
雪停後一次星月爭輝的繽紛

附記：看電視播映臺北木柵動物園從日本引進四隻國王企鵝供民眾參觀有感而作此詩。

飆車族

他們以車速探測未來的長度
過得過不得下一刻
人生都是將要畫成的圓圈
如果用吆喝可以縮短路的兩端
就不必那樣艱難的望風飛奔
圍觀的人潮請讓開
你們不是上帝的棄兒沒有玩命的權利

搖頭族

被淘空的心麻痺不了
菸和酒的歷史
曾經是觀星臺上的少年
如今須要更多黑夜摻粉的治療
沒有偉人的圖騰
銀河就在眼前閃亮
別停出了大門將會找不到回家的路

古戰場

風華褪盡遲暮的老人
在這裡遙想未來
剛經世事折磨不去的青少年
回過頭準備撿拾過去
還有一群躑躅在中間的人
不思前也不想後
只盼望每一次轉戰都有擄獲

火車

一旦進入隧道
就可以盲目地奔竄
佛洛依德早已看到它　須要
黑暗的撫慰
不是駭怕陽光灼傷失落的速度
整個旅程原本充滿著單調和荒謬
被吞噬才能逃出兩邊終點牽制的命運

無尾熊

再爬高一點
讓匆匆晃過的人勉強看到你
尤加利樹的葉子總是不夠茂密
藏不住你慵懶無比的臉相
鄰近新來的國王企鵝已經擺好姿勢
等待接收所有的掌聲
你還在觀望星星遲遲沒有掉下的眼淚

附記：爲臺北木柵動物園那兩隻因國王企鵝進入而遭遊客冷落的無尾熊而作。

廣場風雲

一隻仍然微笑著的大狗
走過來優雅的把咆哮不停的母狗拋擲出去
兩隻麻雀接著慘叫一聲
已經來不及安慰那雙被嚇壞而失神的眼睛
剛逃竄又回來護衛地盤的貓
弓起身子走出幾步
試探到了沒有戰爭也沒有和平的世界的底細

蠍子

不會螫人的蠍子不是蠍子
螫了人的蠍子還是蠍子
運氣一生才有一次
毒與被毒都無關身價
痛恨可以折抵恐懼
排遣不了敵意
他活著就是爲了復仇

刀的譜系

只有俠客才能成就一把刀
刀卻向殺戮戰場去墮落
等到強梁靠他變節的時候
燕荊少年早已捷足橫行了都城
看不住受虐痴女的懷恨
最後還是暗渡了一幫屠狗賣繒人
刀終究是無法遠離血的刀

榴槤

沒有人會相信
長得如此扭曲多刺
竟是來自一場艱苦的纏鬥
豐厚滿握的果瓣
塡滿了每一個可以伸展的空間
終於醞釀出那股濃粘的香味
不管你喜不喜歡他都是水果之王

蛇

最常入夢
半截全條整窩
攔路時赤裸裸
有所警示就穿脊遁地
如今還飛不上天空當龍
留在我們的夢裡夢外
同樣可以威嚇

日出在阿里山

一樣的天空
不一樣的歲月流變
一樣的山峰
不一樣的霞光飛竄
一樣的驚呼
不一樣的人來人往
都阻止不了他兀自昂然的爬升猶如卸不下馬鞍的勇士

檳榔

從人開始懂得以動唇掩飾講話的衝動
你就成了他們的不二選擇
這無關自由
也無關尊嚴
上帝把無聲給了你
人得到的是寂寞
寂寞最終需要無聲來醫治

美人

病態好呢
還是黑壯好呢
巷口一群人仍在議論紛紛
一位標緻女郎遠遠走來
高跟鞋清脆踏實的敲著地面
有人馬上改口
這種中間型的也不錯

蟬

「露重飛難進
風多響易沈」
「本以高難飽
徒勞恨費聲」
「居高聲自遠
端的藉秋風」
早已告訴你駱賓王李商隱不可靠趕快去投靠虞世南

詩

伴著拉屎
擠不出來的時候
哼一首歌慢慢催生
到了讀者手中
所有的酸腐酵味都已經蒸發了
你不信詩是這樣來的
跑去看看蹲在茅坑的杜甫就會明白

鼻屎

鄰家的童童不用流鼻涕
吃完了家中的魚乾
就吃鼻屎
看著他的纖指在兩個孔洞中挖掘
我們羨慕得眼露青光
才剛伸出手來　一個噴嚏
又是半條濃稠的黃蛇

電腦

學校配給我一部電腦
我轉給系上去使用
寫作找資料
我只靠手和腦袋
不願再看到那些冰冷的機器
它們已經挑起世界的狂亂
將來還會降低我的智商

麻將

一家贏三家
被觸摸時都可以看到他們狺狺的笑
輸了走人
沒錢養家活口
改天會再轉戰回來
我不懂這種賭局有多麼邪惡
世上一部分獸性至少在這裡讓我收服了

卷二　解禪

拈花微笑

說什麼都不對
話剛到喉結
就被嚇得倒退了回去
坐在上面的頭頭不再瞪眼
底下閑著的人也會冷眼相向
既然不必挖空心思找認真
乾脆裝出一副無所謂樣子

以心傳心

不可以說我沒有告訴你
第一等人笑笑就摘到了蘋果
他沒有梯子也不必祈禱
口袋裡還有一個破洞
鳥飛來了用吸氣把牠撐住
颱風時走出去接受上天的祝福
這樣往返幾趟便過了一生

無念

逼孩子念書
不如自己念書
自己念書
不如都不念書
都不念書
不如再逼自己念書
嫌煩的話就回頭去放過孩子

無相

修剪鬍子
不如留著鬍子
留著鬍子
不如傾聽鬍子
傾聽鬍子
不如忘掉鬍子
我什麼都沒有說

無住

用薪水
不如領薪水
領薪水
不如賺薪水
賺薪水
不如不賺薪水
靠天吃飯總可以吧

禪坐練習

解便解乾淨
調好呼吸
忘掉你看過的俊男美女
三餐收斂食慾
不要在乎股票下跌
雨天過了晴天跟著來
禪師如是說

參禪

一生總要走一趟
涉過河去
有野薑花恣肆發出的清香
看看瓦楞下行者的趺坐
從未被騷擾的蟬聲
正捲著花香在他的四周迴盪
你的腳步終會收藏起發現你的秘密

熱禪

市囂遠遠聽進耳裡翻攪
海雨天風也加入掙扎行列
幾十頭獸剛要狂奔過來
我關起門鎖上窗
把它們統統包裹在另一個世界
退回我的床
讓夢一輩子想念它們

冷禪

撿起最後一塊炭
呵著炭緣僅剩的餘溫
窗臺上的風鈴
正在被傾斜的月光撩動情欲
獨自一個人
過不了漫漫長夜
需要多一點火

心動

千重山上養不起
一個獨行客
歷史還在
馱著亮光找亮光
沒有結局
達賴喇嘛剛剛證道
出家是接受世界對我們的離去

實相

推開門
世界終於跟我相遇
放不下腳邊一塊石頭
世界再度離我遠去
沒有澆熄的火苗
燎過半片草原
停了下來

活禪

一家溫飽
讓土地不再乾黃
世上美譽多沾
給今生預備永恆的空間
情感有濃淡
留到他年說夢痕
然後都稀釋歸於平淡

死禪

風吹
鳥聒噪
遠處有汽笛聲
風雲變色前
老榕樹下
只剩他
不說話

夜禪

張著眼
睛退出風
洞接
連
想
到
生

畫禪

閉著眼睛
穿過風洞
一
起
想
到
死

庭前柏樹子

看看也就罷了
還想什麼跟什麼
鄰居的牛牽過來綁著
地上不過少掉半片青草
它還是一棵柏樹子
如果不滿意這個答案
我也沒有別的話可說了

棒喝

先慢點出聲
說話要儲備足夠的能量
腳跟站穩
眼睛看著遠方
半微笑
對準你的每一個老師
收棍求饒

逢佛殺佛

那人剛坐下
要飯的就來敲門了
請賞一點銀子
那人說完慢慢迎上前去
我沒飯吃那會有銀子
要飯的拐著走往別家
那人開始啃手上的半塊樹皮

三重關

養不起家時小請客
養得起家時大請客
不養家時更大請客
有誰不懂這撈什子邏輯
只是三歲小孩會說裡頭算數有問題
你身爲大人就得把養家請客減去
無聊時再加回來並塗掉中間那幾個小大字

洗缽去

買得起缽的人不會出家
出家的人買不起缽
吃著缽裡的飯
看著飯外的缽
不知道明天是否再捧同一個缽
突然一陣喝聲傳來
誰的缽還沒有洗

死於句下

蜻蜓飛走了
鼻子才想起去年遺失的香味
蜻蜓又飛回來了
沒有記得的香味全留給了牠
一隻蝴蝶搧著翅膀從花間騰起
蜻蜓沒入草叢
終於浮白

卷三　敘事

卷三

隸章

扒糞事件

記者在講
誰又貪污了五千萬
他都不相信
起碼也有一架波音七四七的回扣
先後落入他們的口袋
他準備寫封長信給上帝
地獄可以騰出幾個位子等他們

邊緣少年日誌

今天
小黃在跑馬
瘦猴在吃自助餐
肥豬在洗衣服
他們都有事情做
只有我閑著
我想我去幫他們收錢好了

從雪地走過

兩隻追鷹的獵狗　剛剛
躺下來作最後的喘息
我們就上場細數自己的腳印
前面看不見升起的炊煙
從後頭颳來的風　急忙吹向
一片白茫茫的世界
極地探險的旅程還很遙遠

兇殺案

他一定是從這裡進來的
最先半錘敲響了壁鐘
驚嚇到窗口的白鴿
白鴿啣著血跡快速的離去
如果他沒有再度折返
那些包裹金飾的棉絮就不會掉落滿地
偵辦案子的警探徹夜仔細的推算著

出使

在英國人的地毯上
吐的那一口又濃又濁的痰
最能象徵我滿清王朝的國威了
不跟他們算鴉片戰爭的舊賬
今天我就是要擺出架子
痛快的喝幾盅酒
明早去見女皇時再放他一個響屁

亡國吟

最後一批蒙古雄兵
已經凱旋回到陰山慶祝雪中的勝利
他們總是排練不成主子的步伐
來探監的密使塞進半張紙條
嵌著策反的日期和暗號
詢問是否一道佯裝跟他們和好
等我寫完了正氣歌就會真相大白

囚徒的一天

李陵的兵馬不會突圍回來了
滿潮的文武官員仍在低頭沉思盛怒的龍顏
明天就要被推入濕暗的蠶室
爲那一席驚天動地的話作見證
掛念著妻兒是否哭乾了淚水
還有先父的遺志也不能長埋地底
就這麼決定後天起償還他們一字一淚的血書

第六度出兵

阿斗要尿尿
群臣都跑過來攙扶
只有老丞相一個人望天長嘆
庭前的柏樹不能再茂密了
日記裡頭說它會遮住下巴越搔越短的白鬚
撣掉舊戰衣上的灰塵
走出門就要下最後一道北征令

填海記

應該忘記這最後一招的
消費不完的動物屍體都運來了
瀝乾的廚餘全部要打包
菜市場的清潔車急著趕夜班
還有千家廠商的廢棄物來不及貼標籤
它們統統會在這裡集結競爭居住地
有一隻螃蟹浮出海面準備遷往陸地重新生活

遊說大人的生涯

重走一趟列國
只因爲先師的遺志還懸在異鄉的馬車隊裡
他們驅動著人來人往
卻不見五月的煙硝瀰漫天空
邊地的城腳已經餓莩麋聚了三層
國君們還是可以高聲談笑
說那是小事一樁

女俠練武記略

不理呂后
不學武則天
不看慈禧太后
女人還是可以獨當一面的
刀棍都準備好了
廟埕上見
來一個砍一個

貴妃出浴

不用君王扶我
宮女們也全部閃開
我要看洗掉的凝脂能結成什麼
一朵蓮花　哦不
大唐的江山　也不
安祿山那小子還不來
娃兒的羶味都已經溢出香湯了

白鷺鷥的等待

雙腳埋在水裡
抬得高高的頭
盼著從天邊掉下的彩霞
會把那棵樹重新粧扮
許久都沒有過這樣純白的邂逅
一定得將它寫成記憶
銘刻在風出沒的地方

卷四　答客問

刺蝟

渾身是刺有什麼不好
敵人見到都得望風潛逃
既然全長滿了
拔掉幾根還是會猛冒出來
難道要像別人暗藏皮下
對你冷不防的偷放幾支呢
歡迎繼續稱我爲刺蝟

白髮和胃疾

誰沒有病痛
獨獨我不能呼天搶地
養家的責任未了
還有細長如繩的求知的心願
胃囊早已知道抗議無效
牽起頂上的髮絲猛招飛雪
從此不看風霜

不作教中人

幾時褪去塵衫來此一參
剛剛走掉兩個說客
又來一個頂著光環的騎士
詢及可否改向真主崇拜
我無意自立教主支配他人
也不肯尾隨信徒受他人支配
你可以回去稟報有個懶鬼心死了

親情觀

前世今生來世
我獨取中間一段
別人受苦可以推說愛莫能助
爹娘挨餓卻心有如刀割
塵緣只有一回
無法等待寒天披戴再去搜尋柴火
我不後悔以自己的溫飽換取親人的歡心

中年心情

前面一段歲月　不想
向後面一段歲月招手
看著落葉讓它直直墜下
西風的故鄉已經退出記憶的底層
從月夜中失眠還能兀自的爬起
走過繁華的花海
只怕再遇到失禁的人聲

不色空

黃花委地值幣多少
心中的灰暗清算著我的企圖
黃花委地不值幣多少
我的企圖清算著心中的灰暗
你終究不會明白
被放大的美女圖片能誘人幾分
滿街佳麗都是無緣人

慢點基進

地頂著頭跑路
釣河的人被蝦吃掉
傘下的天空正藍
車在斷橋水上行走
不想活的人都回到子宮
這不就是你們所期待的世界
我只叫了其中的一客點心

宗教信仰

已知和未知交錯摶成我當今的生命性格
有時候還得相信已知必須多讓一些給未知
就是它牽引我來到這個世界受苦受難
我也想知道沿著什麼路回去才能討到公道
神佛不語上帝噤聲老天依然晴雨不定
留下半片痴心繼續想像正在趕赴一場宴會
等我們把盞言歡後就要作鳥獸散

專長問題

寫過散文和詩及小說
後來又有故紙堆向我招手
十幾年前攀躋上現代學術的列車
語言文學宗教都留有我的蹤跡
以後還不確定會不會涉足物理學界
你的疑惑的眼神讓我想到最後一句話
我另有不會改變的專長是吃飯和睡覺

審美觀

美的東西背面嵌著潔癖兩個字
潔癖渴望跟我的靈魂疏離
最後只追到唯美的一點殘餘
你問我的樣子很新鮮
異性掙扎嘈雜聲也有另一番風華
潛逃無人的國度還是可以承受
沒品味的雞就是最好的品味

生死觀

來時一小團氣
走後也是一小團氣
沒有地方註冊的軀殼等著在時間中慢慢腐化
很艱苦才探聽到塵世可以留戀我什麼
一枝筆
幾疊稿紙
行行寫著生命的無奈

七字訣

偏愛七字究竟有何道理
我想裝作沒聽見
七絕七律一定會拒絕回答
七哀七啓也剛要逃避
七夕已經追不上了
七仙女正冷冷的拋下箭般的目光
還有七七事變說根本沒你那一回事

愛情觀

記憶是風
愛與被愛的感覺是牆基
風撼動不了牆基
我還有一半不是風的記憶
已經給了最初的非愛
你看不見生命擁抱的這些負數
再許一個扶風飛行的機會

恨人不

我不清楚你說的敵人在那裡
絲瓜棚裡密密麻麻的瓜蓏
都承載了一定重量的恨意
臺北街頭滿坑滿谷的書報雜誌
從作者落筆起就卯上了宿敵
我爲窮困講話寫作安能沒有怨氣
只是我寧願相信最後一個敵人是自己

阿貓阿狗在抗議

講課能否通俗一點
寫書不要夾雜太多理論
有一天我會考慮阿貓阿狗的請求
現在世界還在沈淪
虛聲連翩
浮漚滿地
我不忍心再推它一把

我是怎樣的人

我也想了解這個問題
「你喜愛生命嗎」
宗教家嚼盡了舌頭
不過草草擠出一句
「生命愛你」
地球繼續在旋轉
什麼時候停止什麼時候就會有答案

殺手封號

布袋戲外加武俠片
童年就這樣走過來了
看你還想知道我這被封爲學界殺手的人那些秘密
念書時老是被班上的惡霸欺壓
住在貧民窟不敢抬頭看人
出去闖蕩江湖缺少本錢
找工作又常常碰壁

卷五　魔幻

撞邪

他的頭浮起來了
盤坐的腿也已經離地三尺
我不能告訴你暈眩的滋味
那一把刀橫空劈過來
居然只是穿透背後的樹幹
頭又接回他的軀體
地上還黏著兩道長長的腿印

求救者

一個載浮載沈的黑點
向沒有人的四周呼喊著救命
鷗鳥都飛離了海隅
留下老鷹獨自在監視動靜
等不到船筏和援手
他終於站起來
喝光海水然後走上岸

教授變把戲

一條長長的
忽軟忽硬
蛇 不是
手帕 不是
蘭草繩 不是
太監沒說過想要的
雪茄和它的煙

荒野傳奇

煙薰著他的鼻
兩隻角從鬢邊生出來
在雨霧中
一個穿蓑衣的人
走過去拔起角
急啐半口痰
他的鼻還是薰著煙

走路人

從這山跨過那山
有谿谷當橋
橋上幾個美女在淋浴
彎下腰就提住了兩座山
還得走三里路
美女跑來　尋找
沒被凌虐完的丈夫的骸骨

冷啖

掏出心肝來吃
稀釋過血的部分特別香甜
不必縫合
那個人又活過來了
芒果或石頭可以代替的
都給他當禮物
這一餐算算有點便宜

惹火女郎

熱褲 低胸短衫
肚臍上放出星星的亮光
長腿敘述著被擁抱的痕跡
橫口一咬半節香腸
雙手握住尖刀刺向虛空
咄咄的喊出他的名
飛鳥集體逃竄

探險者

醒來時東方已經泛白
摘下頭顱清洗昨天留下的污垢
那邊一條腸子還在等待疏通
豬別過來
狗去路口站崗
這一趟旅行
片刻也不能延遲

捉夜梟

白天等不到這樣的機會
牠的眼睛像探照燈
掃過好幾個地帶的動靜
我們倒著走
用舌頭去誘惑牠上鉤
窸窣一聲響
牠同時俘虜了三隻腳

夸父第二

當眾哺育出的豪語
就不再變卦
我要去把忘了發燙的太陽帶回來
先將雙腳改裝風火輪
腦袋和手一併蜷縮成球
現在該飛過去了
重返時記得在下面接著我

夜釣

沒有魚
蝦也該上來
月光照滿了湖心
一隻烏龜
馱著蛇
邊游邊解　一條
纏住牠們身上的線

島來

雨水剛沖洗過
山的墨綠的容顏
海岸後面
一道煙正要彎入天空
船和鷗鳥都就定了位置
我吸
又是滿握

比武大會

獨孤求敗　和
東方不敗　誰比較
厲害
忍者無法評斷
請來蝙蝠俠作裁判
鬼面最後宣布
只有一個人還沒有生還

溯河而上

他們什麼時候竄出來的
完全不知道
時間凝結在我們視線的相接處
有人拔出矛
把一艘船擊沉
河水開始捲起來高過山頭
我們隔著玻璃簾幕看見了自己的影子

沒有星星的晚上

一輛沒有輪子的車想穿過
斑馬線上站立的人
不肯後退
幾個斷了腿的士兵
扛起迫擊炮正要去衝鋒陷陣
我們一起讓出路
車推開跑道

有星星的晚上

打開所有的路燈
一個接著一個
走向沒有標誌的目的地
關掉所有的路燈
一臺挨接著一臺
退到沒有編號的集散場
我努力仍然進不了已經上鎖的夢鄉

歸途

已經擋過你的路的人
還在隔山觀望
那一道霞光
結結實實的擊中他的腦門
瞬間化作風飄逝
再走幾步路
讓他看看你剛被掏空的軀殼

野人上門

求助一次需要多少時間
他搖起算盤仔細的推演著
阿婆端出半碗稀飯
邀來夕陽一會呼嚕就下肚
趕不及裝回雙腿
另外一家的炊煙又在招手了
扛著腿踩著算盤繼續往前走

卷六　後現代

卷六 奇異界

仿連連看

呂秀蓮　　醬瓜
陳水扁　　豆腐乳
連戰　　　油條
李敖　　　包心菜
許信良　　魚
宋楚瑜　　豬腳
陳文茜　　咖啡

二十世紀政治史

網路主義
後殖民主義
女性主義
混沌理論
解構學
存在主義
新批評

招牌世界

潛意識咖啡
廳　在室男的
泡沫　紅茶自助
旅行皇都飯店
捷運地下走
汽車　水母　量販
釣具鴿子金雞園

戲弄

言午不是許
午言許不是
不許言午是※
是言許不午
許是不午言
成績留校查看
吃飽了再走

群英會

蚊子傳開紙條給斑馬
河的那邊有青草
前進還是後退　夢見
今天一場賭局
襯衫輸掉了豬仔
不用　收拾殘羹
雲兒要笑

水族大戰

魚沒有蝦
螃蟹橫行龜背
龍再現宮馬黃花輕墜
鯨吞了鯊笑
夕陽列隊聽群螺呼號
撥不了急浪的風槳
最後控訴

出頭天宣言

我來也
馬步
刺槍
喝牛奶
戰鬥
吹噓
你輸了

後現代迷

招呼桌子傾聽自己曠世的演講
跑到公車前面忘了放聲大哭
那邊的野臺戲還未吊嗓這裡已經開鑼
畫山只靠屁股一成的功力
蓋房子專挑別人吃剩的骨頭
沒有什麼承諾不能像吃飯那樣容易吞嚥
離開馬桶照樣可以寫詩

河邊風光

石頭
野花
稻草人
鳥屎
還沒有清乾淨
水
忘了流動

樹痴

不
一棵棵
風會說人話
站著很累很過癮從底下生長
誰能記得你
一棵棵
是

一品宅第

灰黑灰黑的天空
照著塡不保的肚子
狗在路上走
巴士拖著銀煙爬下山
逛街只是爲了等待
明年此刻的日出
今夜的愛情

非理性世界

完整的身體
讀著不完整的書
每天走一趟吉野的家
剖開西瓜將就著吃
世界還不到末日
有成堆的衣服要洗
看場電影再說

美好家園

奇區是不奇區也是
山 山
發麗是不發麗也是
水 水
欠可是不欠可也是
土 土
走不走都無所謂

夜行者

鬼魅　貓頭鷹還有
流星劃過　天空
睡不著　的飆車少年
阻街不是女郎
霓虹燈看著　淌血的
樹人換裝走過
蝙蝠　從未挑釁

誕生

魚兒不能忍受缺水的遊戲
來到世界
只是爲了向世界告別
風呼嘯的從門前穿過去
頹敗的枝幹還沒有三次低頭
你慢點挺立
菜籃裡有蘿蔔和雞蛋

老邁

第幾度新生
鞭炮串起許多的恭喜聲
誰的跑鞋掉了一隻
天上的雁不再用力俯瞰
看過仙人的手指都說好好
回家寫歷史
最後一頁要空白

記憶的缺口

夢不是那口井
中的小精靈
洗去鉛華
後還有餘剩
撐傘走過十八世紀
前出現一個廣場
埋葬多少夢的

風乾的信

沒有寄出
去砂城長駐的
馬車響起一串鈴聲
坐著數落日的光
芒帶點紅色
的血
來年這個時候

冶遊

不是時候的
人不肯出現看花
叢中一點
黃
嫌暴牙
就別結婚
困獸

未來的日子

漫步太空
抽菸沒有人管
你洗澡
星星在招手
快說
那邊一艘飛船
要靠岸

後現代，再見

躲進網路的人　已經
看不到他們揮別的神情
狗仍然擋在路上
招牌詩還沒有寫完
石頭的戀鄉很夠唯美
走出歷史需要多大的勇氣
讓刀睡覺

卷七　懷鄉

原鄉

一條遷徙的路線
從族譜的首頁蔓延到尾頁
父親說我們的祖先在唐山發跡
跨過了鴻溝來臺開墾
戰火把他們逼往深山
困苦又送他們走向海隅
我猶豫著要如何圈出我的家鄉

石頭的故鄉

走過黃沙鋪蓋的河灘
一顆石頭圓圓的佇立在眼前
不知道它幾經雨露的簇擁
逐漸翻成如今這等模樣
我抬頭望著蜿蜒伸入山腰的渠道
開始想像它的故鄉
直到兩隻白鷺驚飛彎曲了我的視線

歸鄉

東坡在赤壁上哀悼自己的身世
鄉愁華髮一併委託給清風和明月
他要駕扁舟追逐英雄的蹤跡
最後歷史還是遺棄了他
從異鄉歸來的魂魄
一直進不了厚重深鎖的大門
他尋覓半輩子的竟是滿紙的淚痕

霸王望鄉

烏江一刎便是兩千年
泗水亭長不知已經血食又遠祧了幾次
那個擺渡的船夫還在痴痴的等待
你忘了告訴他江東父老的遺願
不成功就別哭著回來
虞姬騅馬都化作一縷輕煙了
爬上山頭也許可以看到家鄉剛栽種的銀柳

杜甫意外脹死在異鄉

多走幾里路就能瞧見故鄉的山了
後面的追兵如果不再趕來
孩子們空著肚皮也在眺望
無能的父親如今還是蓋不起一棟像樣的房子
不記得梳粧的老妻和著淚水剛要埋葬冰凍的么兒
還要奔波多久才能告別這一世的淒涼
那裡有吃的先讓我撐死再走

李白和仙鄉

近內一次撈月仍然在醉酒中
平靜的湖面突然浮出半枚銀幣
樂聲才剛停止
踏夜歸去的人還未到家
天庭就傳來一陣疾呼
最後一個謫仙應該返鄉了
等等我還有一半銀幣沒有找著啊

莊子和烏有之鄉

當一隻在泥堆裡翻滾的快活的豬
他們不相信這樣也能阻絕仕路
王侯那邊已經不肯賒貸了
路側坑洞內兩條魚吐著白沫猛喊救命
老友惠施還躲在深宮苦思防敵策略
這個鬼地方真真不能再呆下去了
我要另外找一個可以包容豬的國家

屈原魂歸何處

相傳沿著放逐的路線
就可以找到你的骸骨
懷王遺書中有一條赦免令
他的兒子襄王卻用刀細細的削去
你究竟走到了江邊沒有
那裡的魚群都一逕的否認
我們要來帶你重返迢遙的回家的路

孔子的心願

周遊列國
不就是爲了找一個安全的家
子路打前鋒
子貢搶著當說客
宰我冷眼旁觀偶爾還會扯後腿
我不能疲憊
回到魯國還不是最後的歸宿

知識的家

靈性一半在地上開花
一半在地下深竄尋找水源
不信過了楚河就到不了漢界
到了漢界也還有遙遠無邊的星際
那兒是起點那兒又是終點
數不出來的如何能夠妄爲切割
我從未想過知識也需要有個固定的家

地球找家

才滾過光亮的極地
又要翻向黑暗的深淵
不知道那一年到得了家
著急的人紛紛駕著飛船先行離開
還邊走邊抱怨你跑得不夠勤快
往前只得再往前
召喚回家的手仍然藏在看不見的地方

只此一家

南非遼闊蒼茫的草原
中澳清靜無嘩的黃金海岸
還有許多不曾去過的他鄉仙境
都可以從我的記憶和遐想中抽去
只有這裡不能放逐
看完臺北街頭騷動的車陣
轉眼就回到了山腳簡陋的窩

卷八　續蕪情

邊地發聲

這將是一場艱苦的戰鬥
沒有地盤沒有槍沒有奧援
街上華燈滅後小城隨即埋下一片闃寂
我對著空曠的大地喊不出聲音
只好以著作堆積東臺灣的高度
發散為冽冽的流彈語言
且看天邊的群星如何再不停止挑釁

守候東臺灣

衣著光鮮的遊客
請遺忘還有一個鳴鳥和彩蝶的故鄉
你們的家在通往塵囂的路上
這裡不須被記憶也不要被記憶
剩下我無所謂歸去也無所謂前來
就像波濤拍擊海岸的緣會
僅以一點回音守著守著還未流逝的歲月

聽同事金信庸講演有感

愛唱國歌的請舉手
烏鴉開了口不敢歡呼
臺上說一心一德太難唱
如果你喜歡就是怪胎
原來真相在這裡
無關忠誠也不須掏心
大家生氣有理

教書

如果黑夜總是要走
白天就不必委屈匆匆的來
他們活著卻歌頌死寂
陽光始終探不進那一方冰封的土地
謝絕同情
幾十年以後驗收
我是一個不曾踏上講臺的人

車展情結

一部名車配一位美女
看車順便看美女
看了美女無心看車
返家路上
惦念著美女也惦念著車
妻兒如果問起
就說汽油太貴隨時還會漲價

他們在慶祝畢業

閃著亮光的水球
飽飫的躺在塑膠桶裡
迷離傷感的歌曲
競相流淌在擴音器和眾唇間
當有人要以喧嘩和躍動挑起敵意的剎那
我想起集體裸奔那個更好的發洩方式
彼此就不必費心虛掩在體內久竄的怨氣

向文學新兵致敬

稿紙才離開抽屜就發燒
你的詩新鮮不
他的小說挺重嗎
我的戲劇冷熱適中吧
這樣問著問著
太陽的熱力已經橫掃過人群
只剩他的一枝筆在風中凋萎

宴會

踩著黑霧急急趕來
坐上僅剩的圓凳
想念酒杯滿泛著你微酡的模樣
那知接連是同桌瘋狂的勸飲
呆到他們都扶醉而歸後
走出紅布披掛的大門
才發現你不是這場喜宴的主角

告別醫院

白色的臉白色的衣服
灰色的牆灰色的機器
藍色的窗藍色的天空
紅色的血紅色的晚霞
黑色的夜黑色的心情
沒有顏色的時間
跨出沒有顏色的生命

題語教系詩展

遙祭屈原的詩寫成了
貼上屏風一路蜿蜒投向天際
汨羅的水聲還冷否
此地的詩人正在為明天的新作焦灼
有多少恩怨情仇都已隨巨石沉埋江底
留下的是一顆未曾凋萎的詩心
匆匆從前現代旋入現代再迴出後現代

舊情人

你還是那朵亭亭玉立的花
微笑始終將眉尖細細撐起
雙眸裡有我疲乏的身影
妻小突來的眼光匆匆掃過
咯咯笑起照片中人矮陋凡庸
我埋藏了二十年的戀慕面臨潰決
今後不知道要愛誰多一點

散思

我始終在聽沒有人會在意的被蚊子親吻的感覺
我始終在想沒有人會關心的被惡犬窮追的跑速
我始終在看沒有人會憂慮的被自己誑騙的臉色
我始終在問沒有人會算出的被情敵恨透的體重
我始終在數沒有人會知道的被歷史遺棄的慘狀
我始終在畫沒有人會透視的被世界壓垮的悸動
我也始終在寫沒有人不會寫的分排行列的詩

在網球場相遇

正拍　反拍
切球　殺球
挺進　後退
讓我們的腦袋從清醒回到混沌
讓我們的鞋子從破爛回到完好
最後勝利的是狗球拍和稻草人
還有一個不會打球的選手的嘲笑

螞蟻搬家後

宿舍的螞蟻搬家了
只因為我沒有多餘的食物餵他們
唯一的壁虎還在天花板上望著我
我懷疑牠曾經狙擊過牠們
現在牠獨霸一方的模樣
更讓我想念蟻群列隊通過眼前的壯觀景象
那裡面有我被禮敬的無上快感

螞蟻回來了

螞蟻又回來了
我還來不及想出歡迎的儀式
牠們已經進駐宿舍的每個角落
我開始後悔太早許下諾言
壁虎不能徹底嚇走牠們也令我痛恨
原來牠們只是貪玩過頭
我卻相信一切都是緣於我的不夠仁慈

附記：我現在正坐困愁城；蟻輩們佔據我的書桌，窺伺我的食物，還常偷襲我的手腳，宛如在經歷一場夢魘！如果牠們也是上帝的傑作，倒希望上帝能進一步把牠們改造得可愛一點。

博士與狗

不管我多麼的沒有敵意
狗兒還是不肯放過我這輛已經嘎嘎作響的單車
如果讓我有表白的機會
我會說出我得過努力掙來的博士榮銜
但看看牠們一副狂吠兇惡的樣子
鐵定不會理睬我這名落單的文壇鬥士
畢竟在牠們的字典裡還沒有集體屈服這個詞

颱風再來

衛星雲圖上一個白圈
緊緊貼著我們的胸膛
海水在兩邊鼓盪暴怒
世紀末最最絢麗的景象
別問命運是什麼
風雨交疊後
一樣有我們要走的路

生存恐懼症

哀號細細切割地震的邊緣
塌陷的山丘上是否還種植去年的果樹
沒有橫掃過颱風眼的家園
今生將要依靠什麼來挺立
不用對抗潛伏的污染
你我的輻射正一點一滴的離開舞臺
後面的鬼魅剛接獲半張的集結令

人生

醉醒
醒醉
醉醉醒醒
醒醒醉醉
醉醒醒
醒醉醉
醉

逃家

年輕時家像一口井
水質甘醇鮮美
但那是父母精心提煉的
結婚後家像一把傘
可以庇蔭好幾個人
但那是專爲孩子編織的
我依然得外出尋覓自己的家

往返北東兩地

飛機朝著夕照的強光奮力的突圍
終於撐開濃密纏疊的雲層
早出的月牙薄薄的浮在藍色的氤氳上
看不到海天的盡處
東臺灣也緊縮成一條迤邐的線
這一趟沒有名義的巡弋
過後還有下一趟

結語

寫詩的人有福了

後記

最近，突然對數字有點著迷，很想寫一本「一字研究」的專書；還沒有機會動筆，卻先出版了這本《七行詩》。

七，在《易經》系統裡代表「少陽」，相對於「九」那個「老陽」來說，它保有的是活力、躍動和激進等意義。古代文人也喜歡跟它結緣，常寫作「七發」、「七諫」、「七政」、「七略」一類的文章。此外，宗教界在修持報喪上，更少不了對它的依賴，而有所謂的「佛七」、「禪七」、「觀音七」等名堂以及「七廟」、「作七」等祭地祭儀。雖然如此，本詩集所用七，卻沒有什麼特別涵義；只因為很少人這樣命名，姑且藉以為「標新立異」而已。

寫詩對我來說，想不出會有什麼了不得的用意。如果真要說有，那也不過是在享受一種可以胡亂表達情思的自由。就好比這本詩集的寫作，剛開始還會注意到句法的變化，下筆前都會斟酌良久；後來忘了已經「變化到那裡」，乾脆就不再管「前後句法多變」的承諾，隨意揮灑，反而「自由」了起來，一首接著一首的寫到手酸。還有這些篇章，幾乎都是在等車、搭飛機、睡不著覺或飯後等食物被胃腸消化的空檔，甚至坐馬桶時，構想完成的；這裡面沒有隱含什麼「豐沛的詩思」，只是顯示著只要有詩的衝動，隨時隨地都會冒出詩句來，以及只要寫了就「算數」的快悅感。在這種情形下，我無法想像得給自己加上什麼「使命」或「審美」一類的重擔。

不過，話說回來，「努力」寫了一百多首詩，不會連一點外在的壓力或刺激也沒有。這首先是「混跡」在一場新世代詩人會議中，突然被主持人點到名字，說我也是詩人，還暗示我要跟大家打個招呼。當下我遲疑了十幾秒，才有點不情願兼尷尬的站起來接受「稀落的掌聲」：

我本來就不是詩人，那些年輕詩人們也沒看過周某有詩作發表，讓我們這樣「疑惑」相對，主持人真愛促狹啊！從那一刻起，確實覺得要出本詩集給人看才對得起自己，也免得別人一直用類似的方式「逼」我交出成績來。其次是自己多年來也在教文學，還從前現代教到後現代，年輕朋友們一定等著看我「露一手」。為了證明我不是「光說不練」，就秀幾招給他們瞧瞧；詩集也有點是這樣被催生的。再次是曾經自費出版過一本詩集《燕情》和散文小說合集《追夜》，沒有發行，只分送給少數師友。那些都是年少時代寫的，跟現在的心情相差十萬八千里；如果不再寫點新的，真要枉費這麼多年來的「經歷」，於是就把詩集當作「重跨」寫作的第一步，期待還有「接二連三」的機會。

來東師已經快滿五年，遇到談得投機的年輕朋友不少，但他們畢業後，各奔前程，也就很少能夠繼續再聊天，互通信息。去年在「兒童文學」課中，跟一群學士後學分班的朋友結緣，彼此逗趣閑聊，非常快活，還常定約期。他們結業前，我寫了一首〈代擬出航〉作為贈禮：

沾著鹹味的風
掠過船頭
吻著　貼著
我們的髮
我們的臉
而後直穿我們的心

那被驚醒的深藍的海
倉皇的向兩邊退去
有人歡呼
有人狂笑
我看到一隻低飛的鷗鳥
淡淡的拋下半身的寂寞

島嶼就在前面招手
沒有遠離海岸的心情
故鄉在山的那邊或在海的這邊
已經難以分辨
只剩引擎和汽笛聲
是唯一的記憶

行囊寶著陌生的地圖
引導我們走向無神的領地
那裡是繁花鋪地還是惡水湫溢
下一刻鐘就會揭曉謎底
恐懼和疑慮終須留給

等不到船期的人

我不知道誓言是否依然有效
從白晝到黑夜
燃燒不完火熱的心
只好把來時路再加一條線
算作我的歸程
期待走出滿檔奇異的風景

一則紀念友誼，二則希望他們在教書路途上屢有佳績，以後相逢就有聊不完的話題。現在他們還在「仰人鼻息」階段，難能獨當一面；我是過來人，知道其中辛苦。但願他們都能比我幸運，早點「出頭」。而他們所帶來的好氣氛，也間接影響了我的筆調，讓我穿過我的詩看到了他們的笑靨。

兩位友人孟樊教授和丁敏教授，請他們寫序，他們費心的編織了兩個周慶華，讓我既驚訝又感動，禁不住要一再的透過那些語言簾幕來辨認我自己。他們真的是健筆兼造化手！如果這本詩集有點可看，那麼這是他們從中「美化」和「促銷」的結果，功勞得歸他們。

最後還是要回到我所在的環境。記得七行詩篇寫到最末一個階段，修我「佛教與文學」課的幾位朋友，也各自完成了多篇相關的創作，而彙編為一本題名為《了》的合集，我幫他們寫了一篇〈非／序〉：

全了也好
如果如果不能
睡一覺先去解渴
明天太陽會從西邊出來
我們的誓約
正在沉澱

不呼喚你們的名
生命沒有標籤
只像一朵花的凋謝

必須穿過人群
追逐風
不看夕陽
擠進上空徘徊
沒有一滴汗
保留

最後一行

真的，我們都沒有「拈花微笑」的純美的際遇，而困在悲苦裡的生命又亟於尋找出口，只好在「追逐」、「徘徊」中無盡的掙扎！姑且以流汗而感覺「沒有一滴汗」來自綰向道的情懷。也許我們會在這裡面獲得另一種解脫！而這也就是我詩集中〈活禪〉一詩所表明的。不論在整個學期的對話中，我的朋友們是否感受到我期許生命的「執意」和「急切」，他們的一顰一笑、一語一默，都紛紛的觸動了我的靈感，以致詩集中也隱隱然有他們的影子。

當然，遠在北部的親人，是牽繫詩情的最大來源。可以說我生平寫作的動力，一大半是來自他們；我想將來也不會例外。